WMS-19-005
Solo Alto Saxophone and Piano

MECHA MOTE SERIES

サックスプレイヤーのための新しいソロ楽譜
めちゃモテ・サックス〜アルトサックス〜

赤いスイートピー Red Sweet Pea

作曲：呉田軽穂　Karuho Kureta

編曲：萩原 隆、田中和音　Arr. by Takashi Hagihara, Kazune Tanaka

演奏時間：3分30秒

◆曲目解説◆

1982年にリリースされた松田聖子のシングルで、彼女の数ある名曲の中でも特に人気の高い楽曲。プラトニックな恋愛模様が描かれた胸がきゅんとなる歌詞の世界観が、時代を飾るポップソングとして広く受け入れられ大ヒット。現在でも多くの人に親しまれる一曲です。

◆演奏のポイント◆

　この曲にトライする方の多くは、本家の松田聖子さんの歌を良く聴いていた世代の方かと思います。良く知っている曲は、知っているメロディーが再現できるだけで嬉しいものです。ですが、そこに落とし穴があるとも言えます。その曲に聞こえていればOKになってしまい、譜面のリズムが、自分がなんとなく覚えているリズムに置き換わってしまうものです。この「めちゃモテシリーズ」は、アレンジ譜面ですので、オリジナルと異なる部分も多くあります。サックスで演奏するために、もう少しこうした方がかっこよくなるかな〜っと思ってリズムを作っていますので、出来るだけ譜面のリズムを再現するように、先入観をあまり持たずに譜読みをしてください。譜面のリズムを理解して演奏できるようになったら、その後は、自分はもっとこう吹きたいんだ！という風にどんどん変えてしまっても良いと思います。とにかく一度は譜面通りに演奏していただけると、自分の中にないリズム感やタイミングが学べるかと思います。

パート譜は切り離してお使いください。

Solo Alto Saxophone and Piano

赤いスイートピー
Red Sweet Pea

Karuho Kureta   Arr. by Takashi Hagihara, Kazune Tanaka

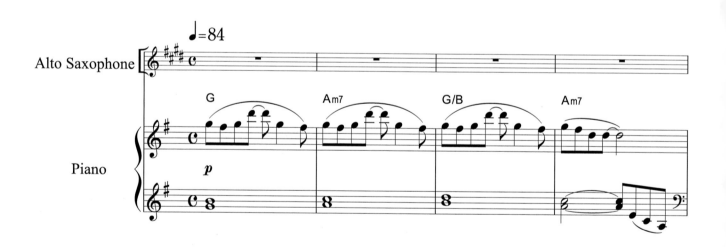

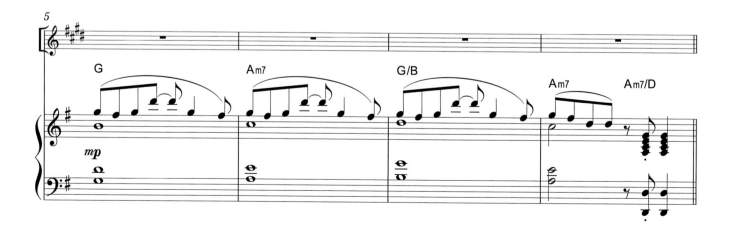

© 1982 by Sun Music Publishing, Inc.

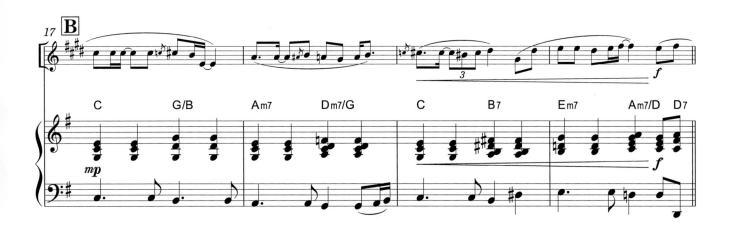
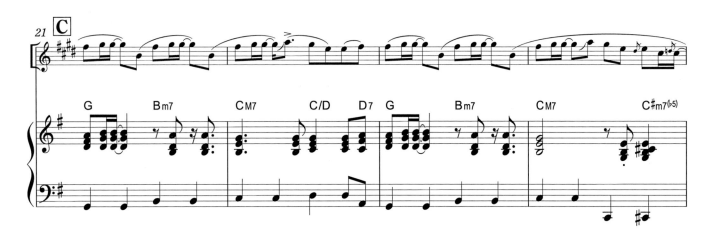

パート譜は切り離してお使いください。

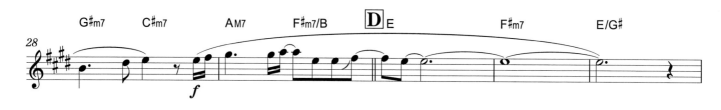

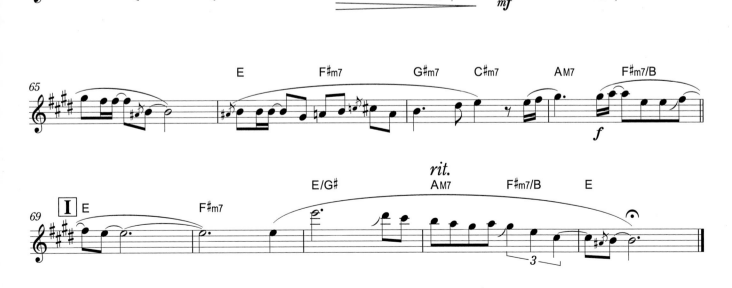

◆編曲者・演奏者プロフィール◆

萩原 隆（サックス奏者）

　高校でサックスをはじめ、大学時代にビッグバンド・ジャズオーケストラの部に所属し、ジャズを学ぶ。在学中に山野ビッグバンドジャズコンテストにおいて、優秀ソリスト賞を受賞。

　卒業後、THE JANGOでメジャーデビュー。TVタイアップ、CMタイアップ、TV・ラジオレギュラー番組、ライブツアー活動をおこなう。シングル、アルバムなど、10枚以上のCDをリリース。代表曲は、TV「平成教育委員会」、ラジオ「オールナイトニッポン」のエンディングテーマや、「サークルK」クリスマスCMにも使用され、各地のFMチャートで1位を獲得。

　現在は、出身地の山梨を中心にソロ活動。楽譜シリーズ「めちゃモテ・サックス」からスタートした「めちゃモテ」シリーズの楽曲アレンジを手がける。

田中和音（作曲・ピアニスト）

　1987年8月30日大阪生まれ。

　幼少の頃よりクラシックピアノをはじめ、10歳でジャズピアノに転向。野球、ソフトボールと遊びに没頭した高校時代を経て、大阪芸術大学へ入学。関西を代表するジャズピアニスト、近秀樹氏に師事する。

　2010年、ピアニストとして参加している「あきは・みさき・BAND」が、横浜ジャズプロムナード、金沢ジャズストリートのコンペティションにおいて、グランプリをダブル受賞。

ご注文について

ウィンズスコアの商品は全国の楽器店、ならびに書店にてお求めになれますが、店頭でのご購入が困難な場合、当社WEBサイト・電話からのご注文で、直接ご購入が可能です。

◎当社WEBサイトでのご注文方法

winds-score.com

上記のURLへアクセスし、オンラインショップにてご注文ください。

◎お電話でのご注文方法

TEL.0120-713-771

営業時間内に電話いただければ、電話にてご注文を承ります。

※この出版物の全部または一部を権利者に無断で複製(コピー)することは、著作権の侵害にあたり、著作権法により罰せられます。

※造本には十分注意しておりますが、万一、落丁・乱丁などの不良品がありましたらお取り替えいたします。また、ご意見・ご感想もホームページより受け付けておりますので、お気軽にお問い合わせください。